昔話法廷

Season《シーズン》 2

NHK Eテレ「昔話法廷」制作班 編

オカモト國ヒコ 原作　イマセン 法律監修

伊野孝行 挿画

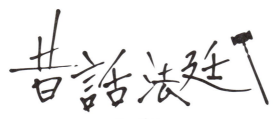

これからちょっとフシギな裁判《さいばん》が始まろうとしている。

被告人《ひこくにん》は『アリとキリギリス』のアリ、『舌切りすずめ』のすずめ、『浦島太郎《うらしまたろう》』の乙姫《おとひめ》。

昔話の登場人物たちが現代の法廷《ほうてい》で裁《さば》かれる「昔話法廷」開廷《かいてい》。

昔話法廷《ほうてい》 Season《シーズン》2

第三章　『浦《うら》島《しま》太《た》郎《ろう》』裁判　90

第一章　『アリとキリギリス』裁判《さいばん》

裁判長と裁判員たちが法廷《ほうてい》に入ってきた。弁護人、検察官、傍聴人《ぼうちょうにん》、法廷にいる全員が立ちあがって一礼する。

「それでは開廷《かいてい》します」

裁判長が開廷を宣言《せんげん》して、裁判が始まった。

女子大生の宮下七海《みやしたななみ》は、このフシギな裁判の裁判員に選ばれた。

裁判員《さいばんいん》は全員で6名。3名の裁判官とともに、法廷《ほうてい》で見たり聞いたりすることをもとに、判決を考えなければならない。

裁《さば》かれる被告人《ひこくにん》はアリ。キリギリスを見殺しにした罪に問われている。白いシャツの上に、着古したベージュのジャケットを着たアリが、証言台に立った。

「検察官、今回の『アリとキリギリス』裁判で、アリはどんな罪を犯したというのか述べてください」

裁判長に言われて、検察官・大田満知子《おおたみちこ》が起訴状《きそじょう》を読みあげる。

「被告人のアリは、キリギリスと兄弟同然の深い関係にあったにもかかわらず、キリギリスを見殺しにしました。

冬になり、食べるものがなくなったキリギリスは、食糧《しょくりょう》を分けてほしいとアリの家にたのみにきました。しかしアリは無情にもその申し出を断り、追いかえしました。次の日、キリギリスは自宅《じたく》で餓死《がし》しているところを発見されました。

アリの犯した罪は、刑法《けいほう》第二一九条の『保護責任者遺棄致死罪《いきちしざい》』に当たります」

「被告人《ひこくにん》、今、検察官が読みあげた事実にまちがいはありませんか？」

裁判長《さいばんちょう》がアリに確認《かくにん》する。

「はい、わたしは大切な親友を見捨《みす》てました。でも……仕方がなかったんです……」

アリは、裁判員たちにやっと聞こえるような声で、つぶやくように言った。

「弁護人の意見はいかがですか？」

裁判長《さいばんちょう》に言われ、弁護人・崎島六助《さきしまろくすけ》はすっと立ちあがり、話しはじめた。

「事件当時の状況《じょうきょう》を考えると、アリに、キリギリスを助ける義務はありませんでした」

弁護人は少し間を置き、裁判員に視線《しせん》を向けて続けた。

「アリは、無罪です」


保護責任者遺棄致死罪《いきちしざい》。

命の危険《きけん》にさらされた人を、保護する責任のある人が放置したり、必要な保護をしなかったりした結果、死にいたらしめる罪をいう。

法律上《ほうりつじょう》、親や兄弟姉妹だけでなく、親友でも保護責任を問われることがある。


(キリギリスの親友だったアリの場合はどうなんだろう?

保護責任を問われるのかな……？）

七海《ななみ》は考えながら、じっとアリを見つめる。

証人　キリギリスの母　検察側主尋問《しゅじんもん》

まず検察官は、キリギリスの母親を証人に呼《よ》んだ。

事件当時、母親は息子とは遠くはなれた町で暮《く》らしていて、さらに息子が危険《きけん》な状況《じょうきょう》にあることを知らなかったので、保護責任は問われない。

検察官の質問が始まった。

「息子さんとアリは、どのような関係でしたか？」

「ふたりは幼《おさな》いころから本当に仲よしで、息子はアリを弟のようにかわいがって

ANT

いました。それに息子は命がけでアリを助けたこともあったんですよ。アリが川でおぼれているのを見つけて、危険《きけん》をかえりみず川に飛びこんだんです！」

検察官は、証言台の母親に近づいていって質問を続ける。

「大人になったふたりは、そろって故郷《こきょう》をはなれました。その後も、交流は続いていたんでしょうか？」

「息子はバイオリンをひくのがとっても上手で、よくアリの家に招かれて演奏《えんそう》していると手紙に書いてありました」

キリギリスの母親の話を聞きながら、アリは深くうなだれている。

「今回追いつめられた息子さんが、食べ物を分けてほしいとたよったのは、アリだけでしたね？」

「ええ。息子は人付きあいが苦手で、心を許せる友だちはただひとり、アリだけだとよく言っていました」

（あの時、キリギリスを救えたのは、親友のアリしかいなかった。なのに、どうしてアリは食糧《しょくりょう》を分けてあげなかったんだろう……）

七海《ななみ》の視線《しせん》の先で、アリはつらそうな顔でじっと床《ゆか》を凝視《ぎょうし》していた。

証人　キリギリスの母　弁護側反対尋問《じんもん》

「それでは弁護人、反対尋問をどうぞ」

裁判長《さいばんちょう》に言われて、弁護人がキリギリスの母親に質問を始める。

「息子さんは、冬に備えて食べ物を集めていなかったんですか？」

「はい。毎日バイオリンをひいて、過ごしていたようです」

母親は気まずそうに答えた。

「それは毎年のことですか？」

「そうですけど……。

息子は冬になったらコンサートを開いて、チケット代としてお客さんから食べ物を集めていたんです」

「なるほど。

ところがこの冬は深刻《しんこく》な食糧《しょくりょう》不足。息子さんのコンサートに行く余裕《よゆう》なんて、だれにもなかった。いよいよ食べるものがなくなった息子さんは、アリに泣きつき、アリは、それを拒絶《きょぜつ》した……」

弁護人の言葉を聞いて、アリは再び大きくうなだれた。

キリギリス・ショ

「そうですよ！　あまりに薄情《はくじょう》じゃないですか！」

弁護人に向かって、キリギリスの母親が強い口調で言った。

「そうでしょうか」

「えっ？」

弁護人の思わぬ返答に、キリギリスの母親は、少しおどろいたように聞きかえした。


それにはかまわず弁護人は、証言台のまわりを歩きはじめた。おだやかだった口調を少し強めて質問を続ける。

「食べるものがなくなったのは、冬に備えていなかった息子さんのせいでしょ？　いくら親友とはいえ、アリに非を問うのは、筋《すじ》ちがいじゃありませんか？」

「で、でも……」

それ以上、母親は言葉を続けることができなかった。

「以上です」

弁護人は裁判員《さいばんいん》に顔を向けて言った。

キリギリスの母親は、やり場のない気持ちをどうしたらいいのかというように、あたふたと周囲を見まわしている。

(キリギリスの自業自得ということか……。

でもそれがアリにとって、親友の命を救わないことの理由になるかな……?)

七海《ななみ》はふに落ちない顔で、アリを見つめた。

証人　アリの妻　弁護側主尋問《しゅじんもん》

続いて弁護人は、アリの妻を証人に呼《よ》んだ。

証言台の妻は、胸《むね》に赤んぼうをだいている。


「キリギリスが訪《たず》ねてきたのは、12月の雪の降《ふ》る日でしたね？」

「はい。『食べるものがなくて困《こま》っている。少しでいいので分けてほしい』、そうたのんできました」

「それでご主人はなんと答えましたか？」

「『この冬は食べ物の集まりが悪くて、家族の分しかない』と……断りました。うちには、中学3年の長男から赤んぼうまで、子どもが8人いるんですよ。子どもたちに、ひもじい思いをさせるわけにはいかないじゃないですか……」

アリの妻が、心苦しそうな顔をして答えた。

妻のうでの中で、赤んぼうが無邪気《むじゃき》な声をあげている。

「ご主人にとっては、苦渋《くじゅう》の決断だったんですね？」

「はい……夫は、家族を選んでくれたんです」

アリはなにかに思いをめぐらしているのか、力なくじっと一点を見つめつづけていた。

証人　アリの妻　検察側反対尋問《じんもん》

弁護人に続いて、検察官がアリの妻に近づきながら質問を始めた。

「あなたは先程、食糧《しょくりょう》は家族分しかなかったと言いました」

「はい」

「しかし逆に言えば、10人もの家族がひと冬こせるだけの食糧が、確実にあったわけだ……」

検察官の口調は決して激《はげ》しいものではないが、確実にプレッシャーをあたえている。

「10人分もの食糧があれば、キリギリスひとり分ぐらい、しぼり出すことはできたんじゃないですか？」

「そうかもしれませんけど、でも……」

「しかも、キリギリスは『少しでいい』『ちょっとでもいい』と、言ったんですよね？」

検察官は、指で「少し」のジェスチャーを入れながら、たたみかけるように言った。

「そうは言っても、冬になると、決まって子どものだれかが病気になるんですよ！　そんな時に十分に食べさせてやるものがなかったら、子どもたちはどうなるんですか……」

アリの妻は語気を強めて言った。

「おくさん……。

ご主人は、食糧《しょくりょう》を分けあたえることができなかったのではなくて……『分けあたえなかった』のではないですか？」

検察官の問いかけにアリの妻が困惑《こんわく》していると、すかさず弁護人が立ちあがって言った。

「異議《いぎ》あり！　答える必要はありません」

「終わります」

検察官は顔色ひとつ変えず、裁判員《さいばんいん》に向かって一礼すると尋問《じんもん》を終えた。

(どういうこと……？

アリは、キリギリスに食糧をあたえられたのに、「わざと」分けあたえなかったってこと？)

七海《ななみ》はそう思いながらアリを見たが、その表情からはなにもうかがうことはできなかった。

被告人《ひこくにん》　アリ　弁護側主質問

いよいよ被告人のアリへの質問が始まった。

まず弁護人がたずねる。

「キリギリスは、あなたの家を訪《おとず》れた時、どんな様子でしたか？」

「少しやせたとは感じました。でも危険《きけん》な状態とは気づきませんでした……。いつものように身なりはきれいにしていましたし」

アリは後ろめたそうに言った。

「キリギリスは、あなたにとってどういう存在《そんざい》でしたか？」

キリギリスとの日々が頭をよぎったのか、弁護人の問いに、アリはほんのわずか間を置いて答えた。

「本当にわたしの自慢《じまん》の友人でした。得意のバイオリンでみんなを魅了《みりょう》する彼《かれ》に、わたしは、ずっとずっとあこがれていました……」

「しかしあなたは、そのキリギリスのたのみを断った」

「友だちのいないキリギリスが、わたししかたよれないことはわかっていました。でもわたしは、妻や子どもたちを守らなければなりませんでした」

「そうですか……では、最後にお聞きします」

弁護人は少し間を空けると、真剣《しんけん》な面差しでアリに聞いた。

「もし、あの日にもどれたら、あなたはどうしますか？」

「……きっと同じ決断をすると思います」

アリは顔を上げ、毅然《きぜん》と答えた。


「以上です」

弁護人の質問が終わった。

七海《ななみ》は小さくうなずきながら、アリを見つめている。

アリは、涙《なみだ》が流れそうになるのをこらえているようにも見えた。

被告人《ひこくにん》 アリ 検察側反対質問

「では検察官、質問をどうぞ」

裁判長《さいばんちょう》にうながされ、検察官の反対質問が始まった。

「あなたは去年の夏以降《いこう》、キリギリスと連絡《れんらく》を絶っていますね」

検察官の意外な言葉に、にわかに傍聴席《ぼうちょうせき》がざわついた。

七海《ななみ》もおどろいて目を大きくしてアリを見つめる。

「はい」

「ふたりの間に、なにかあったんですか？」

「なにもありません」

「そうですか……」

検察官は裁判員席に向きなおりながら、後ろ手に持っていた一冊《いっさつ》のノートを、すっとかかげてみせた。

「裁判員《さいばんいん》のみなさん、これは押収《おうしゅう》したアリの日記です」

身を乗りだした裁判員全員の視線《しせん》が、日記に集中する。

検察官が続ける。

「7月7日の記述を読みあげます。

『なにやってんの
アリがバイオリンひいてちゃだめでしょ
せっせと働くのが
君たちの仕事なんだから』

これは、キリギリスが、あなたに言った言葉ですね？」

検察官は淡々《たんたん》と読みあげると、日記をアリに見せて確認《かくにん》した。

「そうです……」

「調べたところ、この日、キリギリスはあなたの家で演奏会《えんそうかい》を開いていました。その時、なにがあったんですか？」

アリは静かに語りだした。

「だれもいなくなった部屋に、キリギリスのバイオリンが置いてありました。自分も、あんな風に演奏できたら……。そんなことを考えながら、わたしはバイオリンをひくまねごとを始めました」

「その姿《すがた》を、キリギリスに見られた」

「はい……日記に書いた言葉を言われました」

「キリギリスは、あなたをバカにしたんですね？」

「いいえ、キリギリスに悪気はなかったと思います。ただ……当然のように言ったんです」

「その時、あなたはどう思いましたか？」


アリは大きく息をはくと、声をしぼりだすようにして言った。

七海《ななみ》が思わず身を乗りだす。


「……急にはずかしくなりました。平凡《へいぼん》で、なんのとりえもない自分が……。

キリギリスへのあこがれは……強烈《きょうれつ》な劣等感《れっとうかん》に変わりました」

「そんな時、キリギリスが食糧《しょくりょう》を分けてほしいと頭を下げてきた。

あなたはどう思いました？」

検察官は手振《てぶ》りをつけて、ひときわ通る声でアリに聞いた。

アリは少し間を置き、それから迷いをふりきるように顔を上げて答えた。

「自分の生き方のほうが、正しかったんだと思いました」

「あなたを苦しめていた劣等感《れっとうかん》は……優越感《ゆうえつかん》に変わったんですね」

検察官はアリから視線《しせん》をはなすことなく、じりじりとアリに近づいた。

「だったら、食糧《しょくりょう》をめぐんであげてもよかったじゃないですか。

しかしあなたは、少しの食糧も分けあたえなかった。

それは、こう思っていたからではないですか？」

アリは検察官を見た。

「『キリギリスが死ねば、この優越感をくつがえされることはなくなる』と！」

その言葉を聞き、アリはスローモーションのように検察官から目をそらした。

少しの間を置いて、静かにこう答えた。

「わかりません……」

(わからないって、どういうこと？　アリは、キリギリスへの優越感《ゆうえつかん》を守るために、キリギリスが死んでもかまわないって思っていた……？)

七海《ななみ》は顔をくもらせた。

最終弁論《べんろん》

まず検察官が立った。

「裁判員《さいばんいん》のみなさん、キリギリスが餓死《がし》したのは、アリを訪《たず》ねた次の日です。その衰弱《すいじゃく》ぶりを、アリが察知できないはずがありません。アリは自分の優越感《ゆうえつかん》を満たすために、あえて保護責任を果たさなかったのです。

アリは『有罪』です！」

弁護人が毅然《きぜん》とした口調で続く。

「裁判員のみなさん、アリの家に食糧《しょくりょう》は家族分しかありませんでした。キリギリスに分けあたえることは不可能だったのです。しかもキリギリスは、冬に備えて食糧《しょくりょう》を集めていませんでした。
アリに保護責任を問うことはできません。
アリは『無罪』です」

「これですべての審理《しんり》が終わりました。
これから裁判員《さいばんいん》のみなさんと、判決を話しあいます」
裁判長が閉廷《へいてい》を告げた。

(アリはキリギリスを助けられるのに見殺しにしたのか、それとも助けることができなかったのか、どっちなんだろう……)
七海《ななみ》の視線《しせん》の先で、あいかわらずアリは顔をふせ、じっと床《ゆか》の一点を見つめていた。

評議

法廷《ほうてい》から別室に移り、裁判長《さいばんちょう》と2名の裁判官、裁判員で評議が始まる。

6名の裁判員は、男女半々。

女性は、30代の会社員・木月《きづき》、50代の主婦・石井《いしい》、それに女子大生の七海《ななみ》。男性は、まだ若い竹之内《たけのうち》、風間《かざま》、それに40代の会社員・藤堂《とうどう》だった。

「みなさん、おつかれさまでした。これから評議を始めます。裁判員のみなさんが感じたこと、疑問《ぎもん》でもいいので遠慮《えんりょ》なく話してください」

裁判長が裁判員たちに発言をうながすが、だれも口火を切らない。

沈黙《ちんもく》を破ったのは、石井だった。

こういう時、おばちゃんはたよりになる。

「あたしも子ども3人いるからさ、アリの家族を守りたい気持ちは大いにわかる。いくら友だちっていったって、やっぱりまず家族でしょう」

気さくな感じで話す石井《いしい》のおかげで、一気に評議の場が和む。

「でもいくら家族を守るためとはいえ、死にそうな親友が目の前にいて、自分の家には10人がひと冬こせるだけの食料をためこんでて、たった一回の食事もあたえなかったたっていうのは、薄情《はくじょう》すぎると思うなぁ」

風間《かざま》が反論《はんろん》する。他の男性ふたりも「アリは薄情」派《は》だった。

「男性のほうが友情を大切にするってことかしら……。

わたしは、友情以前に人として、目の前に飢《う》えている人がいるのに、それを助けなかったこと自体、道徳的にどうかと思うけど……。でもだからといって、それが法的な義務だと言われると、ちょっとひっかかるな。まして、それで刑罰《けいばつ》を科せられるなんて……」

木月《きづき》が「アリは無罪」に一票入れる。

「宮下《みやした》さんは、どう思いましたか？」

なかなか話しだせないでいた七海《ななみ》に、裁判長《さいばんちょう》が声をかけた。

「わたしも、アリは薄情《はくじょう》だとも思いましたし、キリギリスの自業自得な部分もあるとも思いました。

正直なところまだはっきりわからないので、確認《かくにん》なのですが、もし、アリがわずかでも食糧《しょくりょう》をキリギリスに分けあたえてあげていたら、キリギリスが、翌日《よくじつ》、死ぬことはなかったんですよね……」

「でもたしかアリは、『キリギリスが危険《きけん》な状態だったとは気づかなかった』って言ってました」

七海《ななみ》の言葉を受けて、竹之内《たけのうち》が裁判中《さいばんちゅう》にとったメモを見ながら言った。

「そうねえ、キリギリスが切羽《せっぱ》つまった感じがしなかったのなら、家族第一に考えて、食糧《しょくりょう》を分けあたえることはしないんじゃないかしら。だとしたら、それは道徳的にも非難《ひなん》はできないわよ」

木月《きづき》が言った。

「でもさあ、本当にそうなのかな？　家族第一が、食糧を分けあたえなかった理由なんだろうか？　あのアリが、親友だったキリギリスに劣等感《れっとうかん》をいだいていたという話。あれはおどろいたなあ……。

もしアリがキリギリスにそんな思いを持っていなければ、アリは少しくらい食糧をキリギリスに分けたんじゃないかな？　もしそうしていたら、少なくともキリギリスの翌日《よくじつ》の死はさけられた。これはやっぱり法律《ほうりつ》で罰《ばっ》するべき行為《こうい》なんじゃないのかな？」

藤堂《とうどう》が裁判員《さいばんいん》に疑問《ぎもん》を投げかける。

「半年も連絡《れんらく》を断っていたなんて、アリのキリギリスに対する劣等感《れっとうかん》はけっこう根深かったのね」

木月《きづき》が、アリの様子を思いかえすような目をしてつぶやいた。

「日記にあった言葉を、キリギリスは悪気なく言ったと思うってアリは言ってたけど、男としてはプライドずたずただよな」

木月のバトンを受けた藤堂が続ける。

「半年経って、プライドを傷《きず》つけたキリギリスが、助けてくれって自分をたよってきて、しかも、キリギリスを助けられるのは自分だけって思ったら、そりゃあ優越感《ゆうえつかん》でいっぱいになるよな。

その優越感を永遠のものにするために、アリはキリギリスを見殺しにした……」

「でも、キリギリスへの優越感を保ちたいだけなら、食糧《しょくりょう》をめぐんであげることで、十分だと思うんです。

それさえしなかったのは、やっぱり食糧が本当に家族分しかなかったからでしょうか？」

七海《ななみ》には、どうしてもアリがキリギリスを見殺しにしたとは思えなかった。

藤堂《とうどう》が、さらに熱っぽく言いかえした。

「しかしアリは、自分にしかキリギリスを助けられないのは、わかっていたって言ってるよね。

アリにとってキリギリスは親友であり、あこがれの人だったんだよ。

だからどんなに自業自得と思えても、いくら食糧難《しょくりょうなん》であっても、アリは食糧を分けていたと思うよ、喜んでね。

そのあこがれの人がさ、ひと言でアリをどん底につきおとした。あこがれが大きかった分、アリの劣等感《れっとうかん》は強烈《きょうれつ》だったんだと思うよ。

ところが、その上下関係がある日、真逆になった。自分が勤勉《きんべん》に生きてきたおかげでさ。アリにしてみたら、天地がひっくりかえったみたいな思いだったんじゃない？

初めて手に入れた優越感《ゆうえつかん》を、どうしても手ばなしたくなくて、わざと食糧を分けあたえないというのはあるんじゃないかな」

男性陣《じん》は、藤堂《とうどう》の言うことに納得《なっとく》したような表情で聞いている。

「アリが劣等感を持っていたっていうのも、助けを求めてきたキリギリスに優越感を感じたのもわかる。悪気がなかったとはいえ、あたしもキリギリスの言った言葉はどうかと思うし……。

けど、やっぱりアリは10人家族の大黒柱だもん。自分の感情よりも、親として子どもと家族を守るほうを優先《ゆうせん》させたと思いたいなぁ」

そう言う石井《いしい》の横で、七海《ななみ》は大きくうなずいた。

第二章　『舌切りすずめ』裁判《さいばん》

「それでは開廷《かいてい》します」

これから始まる、ちょっとフシギな裁判の裁判員に川本《かわもと》ルナは選ばれた。
裁判員の下す判決が、被告人《ひこくにん》の人生を大きく左右する。責任重大だ。
裁《さば》かれる被告人は、すずめ。
舌を切られた仕返しに、おばあさんを殺そうとした罪に問われている。

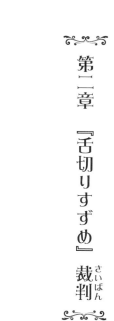

桃色《ももいろ》の着物に藤色《ふじいろ》の帯をしめ、被告人《ひこくにん》のすずめが、しずしずと証言台に向かう。

裁判長《さいばんちょう》の声が法廷《ほうてい》にひびく。

「検察官、今回の『舌切りすずめ』裁判で、すずめはどんな罪を犯したというのか述べてください」

「はい。起訴状《きそじょう》を読みあげます」

検察官の久米夏《くめなつ》が立ちあがる。


「被告人のすずめは、おばあさんとおじいさんの3人で暮《く》らしていました。ある日、すずめはおばあさんがお米で作ったせんたくのりを、全部食べてしまいました。おばあさんの怒《いか》りを買ったすずめは、はさみで舌を切られ、家から追いだされてしまいます。

強いうらみをいだいたすずめは、おばあさんの殺害を決意しました。

ひと月後、すずめは、自分をさがして訪《たず》ねてきたおじいさんに、大きいつづらと小さいつづらを差しだし、小さいほうを選ばせ、持ってかえらせました。

すずめが、小さいつづらに入れていたのは小判でした。強欲《ごうよく》なおばあさんをおびきよせるためです。

すずめの思惑《おもわく》通り、おばあさんは大きいほうのつづらももらいに、のこのことやってきました。すずめはおばあさんにつづらをわたし、中に入れておいた大量の毒ヘビや毒虫におばあさんをおそわせ、殺そうとしたのです。

すずめが犯した罪は、刑法《けいほう》第一九九条、第二〇三条の『殺人未遂罪《みすいざい》』に当たります」

傍聴席《ぼうちょうせき》にいるおばあさんは、検察官が起訴状《きそじょう》を読んでいる間、ずっとすずめをにらみつけている。

「被告人《ひこくにん》、今、検察官が読みあげた事実に、まちがいはありませんか」

裁判長《さいばんちょう》がすずめに問う。

「ちがいます！

たしかにわたしは、おばあさんにつづらをわたしました。

でも中に入れたのは小判です」

すずめは「小判」を強調して言いながら、バンッと音を立てて、証言台の上に羽をのせた。

そのすずめの態度を見て、おばあさんは憮然《ぶぜん》としている。

「弁護人はいかがですか？」

「すずめの言った通りです。
すずめは、無罪です！」
弁護人の鈴木哲男《すずきてつお》が立ちあがって答えた。
（双方《そうほう》の言い分は、真っ向対立か……。
すずめはつづらの中になにを入れたんだろう？　毒ヘビや毒虫？　それとも小判？）
ルナの頭の中は、真っ白なきりが立ちこめているようだった。

証人　おばあさん　検察側主尋問《しゅじんもん》

まず検察官は、被害者《ひがいしゃ》であるおばあさんを証人に呼《よ》んだ。

茶色の着物の襟《えり》にみすぼらしい掛襟《かけえり》をあてがい、まわりをじろじろにらみながら証言台に向かう様子は、いかにも強欲《ごうよく》そうに見える。

「おばあさん、あなたはなぜ、すずめのところに行ったんですか？」

「じいさんが、おみやげに小判が入ったつづらをもらってきて、もうひとつ、大きいつづらがあったって言うもんだから、もらいにいったんだ」

「大きいつづらの中身も、小判だと思ったんですね？」

検察官は、証人に近寄りながらたずねた。

「ああ、山道を帰る途中《とちゅう》、どうにもがまんできなくなってね、ひと目、小判をお

がんでやろうと思って、つづらのふた、開けたんだ」

「そしたら？」

「そしたら、山のような毒ヘビや毒虫が飛びだしてきて、いっせいにおそってきたんだよーっ」

「それで、どうしたんですか？」

「そこらじゅう転げまわって、もう必死でにげたよ！

ああ、裁判員《さいばんいん》のみなさんも見て、ほらっ！　これっ、毒ヘビにかまれたあと！」

おばあさんは、ずずっと裁判員席の前に進みでると、着物のすそをめくりあげて、真っ赤にはれあがった足を見せた。

裁判官も裁判員も、全員立ちあがって、おばあさんの足を凝視《ぎょうし》している。

おばあさんの指さしたところには、ヘビのきばが食いこんだと思われる、ふたつの穴がくっきりとついていた。

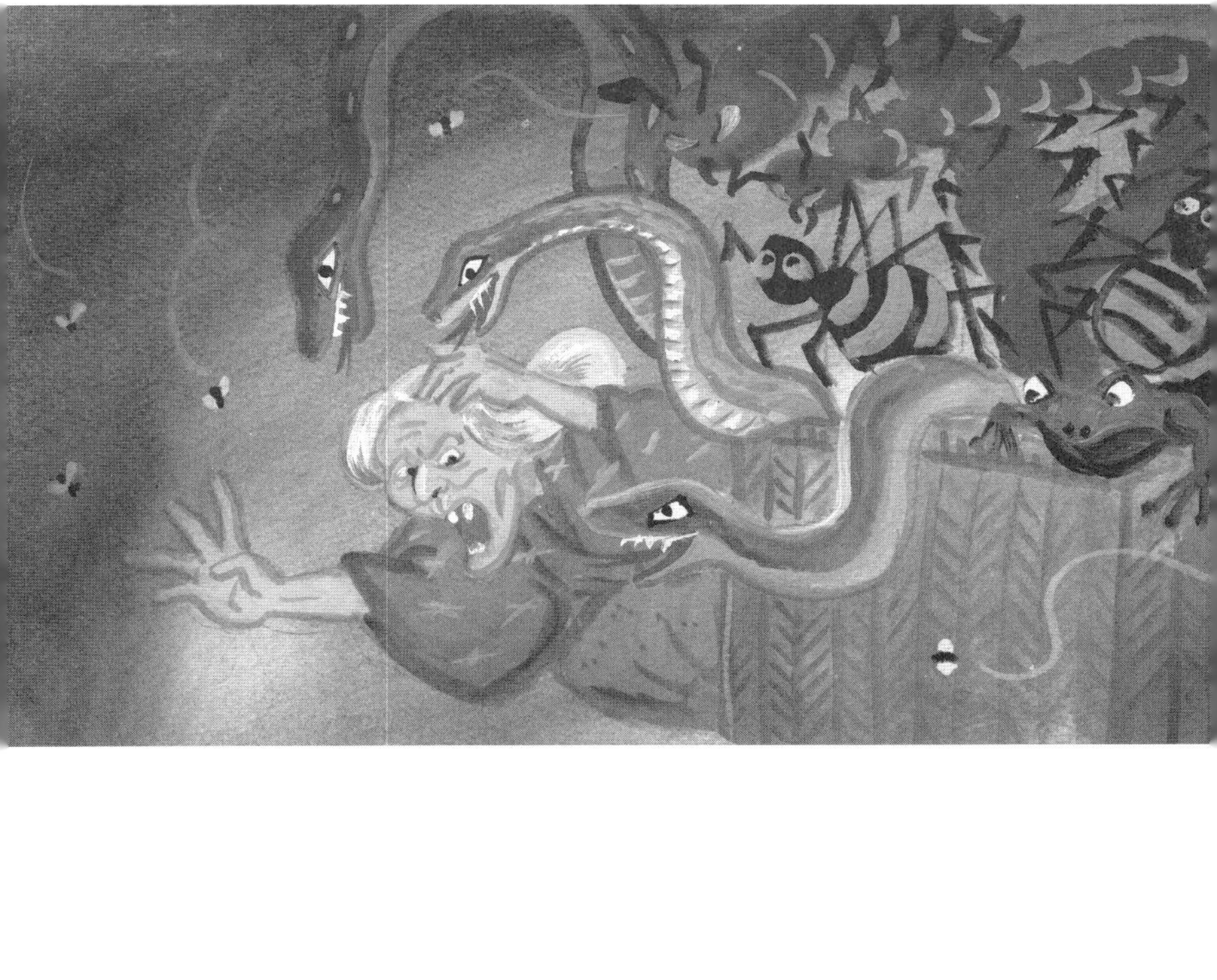

（うわぁー、痛《いた》そうー）

ルナは思わず顔をしかめた。

検察官がおばあさんの横に来て、寄りそうようにした。

「おそろしい思いをされたんですね……」

「なんとか家に帰って処置《しょち》できたからよかったけど……こわかった。

ほんとに……死ぬかと思ったよ……」

その時のことを思いだしたのか、おばあさんは目をつぶって身ぶるいした。

検察官がなぐさめるように、そっとおばあさんの背中《せなか》をさすってあげている。

その様子を、すずめはじっと見つめていた。

証人　おばあさん　弁護側反対尋問《じんもん》

「弁護人、反対尋問をどうぞ」

「はい」

裁判長《さいばんちょう》に言われ、弁護人が証言席へ向かっていく。

「おばあさん、よくもまあ、舌を切ったすずめのところに、小判をもらいにいけましたね。うわさにたがわぬ『強欲《ごうよく》』ぶりだ」

「ほっといてくれ！」

「強欲」というところを強調した弁護人に、おばあさんは、はきすてるように言った。

続いて弁護人は、手にした小さなビニールぶくろを、おばあさんに見せた。中に赤い判子がおされた紙切れが入っている。

「山の中で発見されたつづらの中に、ただひとつこんなものが残されていました」

「なんだいこりゃ？」

「これは、小判を束ねる時に使う『紙の帯』です」

弁護人は、おばあさんの反応をたしかめるようにひと呼吸《こきゅう》置くと滑舌《かつぜつ》よく続けた。

「この紙の帯には、すずめの指紋《しもん》も残っていました。おばあさん、本当は、つづらの中には小判が入っていたんじゃないんですか？」

「なに言ってんだよ、実際、こうしてかまれてんだよぉ！」

おばあさんはそう言いながら、また着物をめくって傷《きず》あとを見せた。

弁護人は首をかしげながら、じりじりとおばあさんの周囲を歩きはじめた。

「しかしですね、その傷は、たった一か所だけなんですよね？

山のような毒ヘビや毒虫におそわれたと言うにもかかわらず、傷はたったの

『一か所』。それって、フシギですよね？」

（ええー、一か所だけ⁉）

ルナはおどろいて目を見ひらいた。

「そりゃ、もう必死でふりはらったからさ！」

おばあさんの言葉にかまわず、弁護人は続けて質問した。

「おそらく夜道で、ヘビをふんづけたかなんかして、かまれたんでしょ？　それをいいことに、あなたはこの事件をでっちあげた！」

「な、なんで、あたしがそんなことを!!」

「すずめから治療費《ちりょうひ》をふんだくろうと思いついたんじゃないんですか？　つづらの小判だけじゃ物足りなくて！」

「異議《いぎ》あり！　なんの根拠《こんきょ》もありません」

検察官が、たまらず立ちあがって異議をとなえる。

「あたしは！　もう毒ヘビや毒虫におそわれて……」

興奮気味《こうふんぎみ》に話すおばあさんの言葉を、弁護人が手でさえぎった。

「強欲《ごうよく》なあなたが考えそうなことですね、以上です」

「あっ、ちょ……」

興奮して、かたを大きく上下させているおばあさんの横で、弁護人は一礼して尋問《じんもん》を終えた。

証言台に残されたおばあさんは、まったく納得《なっとく》いかない憮然《ぶぜん》とした様子で、うで組みをしている。

（小判を束ねる紙の帯に、『一か所だけ』の傷《きず》かぁ……。たしかに不自然なような……。おばあさんの言うことを、どこまで信用していいんだろう？）

ルナは首をかしげた。

証人　おじいさん　弁護側主尋問《しゅじんもん》

続いて弁護人は、おばあさんの夫である、おじいさんを証人に呼《よ》んだ。

「おじいさん、すずめは、あなたにとって、どんな存在《そんざい》ですか？」

「はい、うちには子どもがおりませんので、わが子同然と思っています。毎日、すばらしい歌声で心をいやしてくれました」

「かけがえのない存在なんですね」

「それはもう……。

言っときますがね！　この子は人を殺そうなんてしてませんよ！」

「じいさんっ！」

傍聴席《ぼうちょうせき》に座《すわ》っていたおばあさんが、思わず声をかけた。

おじいさんをにらみつけている。


おじいさんはかまわず、弁護人に話しつづけた。

「だって、わたし、見ましたもん」

「なにを見たんですか？」

弁護人の質問に、おじいさんはつづらの大きさを手で示しながら答えた。

「おっきいつづらの中身です」

「なにが入っていましたか？」

弁護人の質問に、裁判員《さいばんいん》たちが身を乗りだした。

「小判です！　はい！」

おじいさんは、法廷《ほうてい》じゅうにひびくような大きな声で答えた。

（きたーっ！　重要証言！

中身はやっぱり小判だったんだ）

裁判員席で、ルナは大きくうなずいた。

証人　おじいさん　検察側反対尋問《じんもん》

検察官による反対尋問が始まった。

「おじいさん、大きいつづらの中身を見たとおっしゃいましたが、いつ見たんですか？」

「すずめがおみやげにと、大きなつづらと小さなつづらを差しだした時です」

「じゃあ、あなたはおみやげのふたをわざわざ開けて、中身を確認《かくにん》したということですか？」

おじいさんは、顔の前で大きく手をふりながら答えた。

「いいえいいえ、大きいほうだけね、ふたがすこーし、開いてたんですよ」

検察官は、さもおどろいたというような顔をしている。

「つまりあなたは、『中身を見た』のではなく、『中身が見えた』？」

「そういうことになりますねぇ」

ルナは大きく首をかしげた。

(でも、なんでふたが開いてたの？　たまたま？)

検察官が質問を続ける。

「じゃあ、なぜ大きいつづらを選ばなかったんですか、小判が入っているのに？」

「わたし、こしが悪いもんですから、あんな重そうなつづらは持てません」

「すずめは、あなたのこしが悪いことを知っていましたか？」

「ええ、知ってますよ」

検察官はそれを聞いて、合点がいったようにうなずいた。

「なるほどねぇ。では、すずめはあなたが帰る時、なにか言っていましたか？」

「『おばあさんに、くれぐれもよろしく』と言ってました」

おじいさんの答えに、すずめが一瞬《いっしゅん》身を乗りだしたように見えた。

「それであなたは、おばあさんになんて伝えたんですか？」

「『もうひとつ大きなつづらがあって、その中身も小判だった』って話しました」

「それを聞いたおばあさんは、どうしました？」

「もう目の色変えて、すずめのところへすっ飛んでいきました！」

「おじいさん！」

「は、はい？」

あきれたような声で呼《よ》びかけた検察官に、おじいさんは、思わず声が上ずっている。

「あなたそれ、完全にすずめに利用されてますよ、おばあさんをおびきよせるために……」

「はぁ？」

「つづらの中身も、あなたにチラ見せしたあと、毒ヘビや毒虫に入れかえたんでしょうね」

「なるほど……」

おじいさんは検察官の言葉に、みょうに納得《なっとく》している。

それからおどろいたように声を上げた。

「えぇーっ！　まさか、そんな⁉」

ルナも検察官の言葉にうなずいた。

（なるほど……。すべてはすずめのシナリオ通りだったってことか……。もしかして、弁護人が見せたあの紙の帯も、すずめがわざと大きいつづらに残した⁉）

被告人《ひこくにん》・すずめ　弁護側主質問

いよいよ被告人・すずめへの質問が始まった。

「あなたは、おばあさんが訪《たず》ねてくることを知っていましたか？」

弁護人がたずねる。

「知るわけありません。いきなりやってきて、大きいつづらをよこせと言うので、わたしました。もちろん中身は小判ですよ、入れかえてなんかいません」

すずめは大きく首をふりながら答えた。

「おばあさんはあなたの舌を切った……。そんなおばあさんに小判をわたすことに抵抗《ていこう》はなかったんでしょうか？」

「とにかくこわかったんです。おばあさんが訪ねてきて、舌を切られた痛《いた》みと、

恐怖《きょうふ》がよみがえりました……。

それに、おばあさんに小判をわたせば、少しでもおじいさんの役に立つと思ったんです……」

傍聴席《ぼうちょうせき》に座《すわ》るおじいさんの優《やさ》しいまなざしが、証言台のすずめに向けられる。

対照的におばあさんは、苦々しい顔をしてずっとすずめをにらみつけていた。

弁護人が質問を続ける。

「あなたにとって、おじいさんは、どんな存在《そんざい》ですか？」

すずめは少し間を置いて話しはじめた。

「命の恩人です。

山で羽を痛《いた》めて動けなくなっていたわたしを、懸命《けんめい》に看病《かんびょう》してくれました」

「ではあなたは、そんなかけがえのないおじいさんを、利用したんでしょうか？」

「とんでもありません！

もし、わたしがつづらに毒ヘビや毒虫を入れて、おばあさんがそれを家で開けてしまったら、大好きなおじいさんも危険《きけん》な目にあってしまいます。

そんなことだけは、絶対にしません！」

すずめはきっぱりと否定《ひてい》した。

（たしかに……。おばあさんがつづらを開けるタイミングまでは、わかんないもんなぁ……）

ルナは、すずめの言葉に納得《なっとく》した様子で、何度もうなずいていた。

被告人《ひこくにん》　すずめ　検察側反対質問

「検察官、質問をどうぞ」

裁判長《さいばんちょう》に言われ、検察官は大きなポスターのようなものを手に、証言台に近づいていく。

それが目に入った瞬間《しゅんかん》、すずめは、はっとしたように顔を動かした。

〝すずめ慕情《ぼじょう》〟

ポスターには大きく曲名が書かれ、中央にあでやかな振袖《ふりそで》を着て、和傘《わがさ》をさしたすずめが写っている。

「このポスターに写っているのは、あなたですね？」

「はい……」

検察官は、裁判員席《さいばんいんせき》の前に歩みでると、ポスターを高々とかかげて言った。

「裁判員のみなさん、すずめは演歌歌手としてデビューが決まっていました。『100年にひとりの歌姫《うたひめ》』と言われるほど、期待されていたそうです」

そしてすずめのほうに向きなおり、質問を続ける。

「それで、デビューの話はどうなりましたか？」

「白紙に……もどりました」

「それは、おばあさんに舌を切られた後遺症《こういしょう》で、歌がうまく歌えなくなったからですね？」

すずめはそれには答えなかった。先程までとうってかわり、すずめは落ちつかない様子で視線《しせん》を動かしている。

「夢破れ、人生をめちゃめちゃにされたあなたは、おばあさんに強いうらみをいだいた……。『殺したい』ほどに……」

検察官はすずめの顔をのぞきこみながら、最後の部分を強調して言った。

「勝手なことを言わないで！」

すずめはバサッと羽音をさせると、声をあららげて答えた。

「以上です」

ルナの前で、すずめはうなだれている。

(自分の人生をめちゃめちゃにしたおばあさんを殺害する動機は十分か……。でもすずめは、大好きなおじいさんを巻《ま》きぞえなんかにしないと言っている。う〜ん……どっちを信用すればいいんだろう……)

ルナは困《こま》ったように両手でこめかみをおさえた。

最終弁論《べんろん》

夕日の差しこむ法廷《ほうてい》に、検察官の声がひびく。

「裁判員《さいばんいん》のみなさん、舌を切られ人生を台無しにされたすずめの殺意は明白です。すずめはおじいさんを利用し、巧妙《こうみょう》におばあさんをおびきよせ、毒ヘビや毒虫のつづらをわたしました。

これは計画的で、悪質きわまりない犯行です。

すずめは『有罪』です」

弁護人が続いた。

「裁判員のみなさん、おばあさんは山のような毒ヘビや毒虫におそわれたと言っていましたが、その傷《きず》は一か所だけです。

この証言は信用できません。

そしてつづらの中から、小判を束ねる帯が発見されたことからも、その中身が小判であったことは疑《うたが》いようがありません。

すずめは『無罪』です」


「これですべての審理《しんり》が終わりました。

これから裁判員《さいばんいん》のみなさんと、判決を話しあいます」

裁判長の声で裁判は閉廷《へいてい》した。

すずめはおばあさんを殺そうとしたのか？　それとも無罪なのだろうか？

評議

「つかれましたねぇ」

ルナは、裁判員《さいばんいん》のひとり倉科《くらしな》に声をかけた。

今回の裁判員には、ルナと倉科の他、もうひとり、30代くらいの女性がいる。あとは30～50代の男性3人で、みんなきっちりとスーツを着て参加していた。

「みなさん、おつかれさまでした。これから評議を始めますが、どうぞ遠慮《えんりょ》なく、思ったこと、疑問《ぎもん》に感じたことを話してください」

評議の冒頭《ぼうとう》で、裁判長が裁判員の顔を見わたして言った。

「今回は紙の帯という物証があるし、証人もおじいさんがいるし、すずめは『無罪』で決まりではないでしょうか」

先程の倉科《くらしな》が先陣《せんじん》を切る。

「まあそう結論《けつろん》を急がず、ゆっくり考えてみましょう。他の方はどうですか？」

そうたずねる裁判長《さいばんちょう》と、ルナは目が合ってしまった。

自分の意思に反して、ルナの口が動く。

「あの、わたしは、すずめは『有罪』だと思います」

「川本さんはどうして、そう思われるんでしょう？」

裁判長にたずねられ、ルナは、裁判中にとった手元のメモをめくりかえした。

「すずめの動機はけっこう強いですよね。

『100年にひとりの歌姫《うたひめ》』が、もううまく歌が歌えないなんて！　デビューまで決まっていたのに、すべて、おばあさんがふみにじったんですから」


「他の方にも、考えをうかがってみましょうか」

裁判長《さいばんちょう》の問いかけで、まだ発言していない裁判員がひとりひとり答えていく。

6名のうち、この段階《だんかい》で無罪だと思っているのは倉科《くらしな》と男性の藤田《ふじた》だけだった。

3名は「有罪だと思う」と言い、江本《えもと》という男性は、「自分はまだどちらとも判断できていない」と答えた。


「意外ですね。

有罪だと思っている人が3人もいるなんて。

有罪だとすると、あのすずめは、かわいい顔して相当おそろしい子ですね～」

無罪を主張する倉科《くらしな》は、少しちゃかすように言ったあと、真剣《しんけん》な顔にもどって続けた。
「もし、すずめが有罪で、計画的犯行だったとします。
流れはこんな感じでしょうか。

1　すずめが、大きいつづらに小判を入れ、中身をチラ見せする
2　こしの悪いおじいさんが、小さいつづらを選んで持ってかえる
3　家に帰って、おじいさんが「小判が入った、もっと大きなつづらがあった」と、おばあさんに話す
4　すずめが大きなつづらの中身を、毒ヘビや毒虫に入れかえる
5　おばあさんが訪《たず》ねてくる
6　帰宅途中《きたくとちゅう》に、つづらの中身を開けてのぞこうとしたおばあさんを、毒ヘビや

毒虫におそわせ殺害する

こういう流れですよね。

これって、相当、不確実じゃないですか？

どれかひとつ欠けたら、毒ヘビにおばあさんをおそわせることはできないし、けっこう手間ひまかけて準備したのに、別の方法を考えないといけない。

もしわたしが犯人なら、もっと確実な別の手を考えるけどなあ」

「だから、すずめは人が好いおじいさんを『利用』したんでしょ。あなたの言う通り、すずめは『相当おそろしい子』なんですよ」

倉科《くらしな》に対し、〝有罪派《ゆうざいは》〟の有田《ありた》が言った。

「あの様子じゃあ、おばあさんは本当に強欲《ごうよく》なんだろうし……。

『おばあさんに、くれぐれもよろしく』と言うだけで、人が好いおじいさんは、小判の入った大きいつづらもあったとおばあさんに話すと、すずめには容易に想像できた。

おじいさんは、完全にすずめの術中にはまっていたってわけですよ」

持論《じろん》を語る有田《ありた》に、倉科《くらしな》が反論《はんろん》する。

「でも、小判を束ねる『紙の帯』はどう説明するの？　つづらの中に小判が入っていたという唯一《ゆいいつ》の物証でしょう」

「そのいかにもな物証が逆にあやしいんだよ。

もしも、つづらいっぱいに小判が入っていたのだとしたら、あの一枚《いちまい》だけが残ってたなんて逆に不自然ですよね。

すずめが、わざと一枚だけ残したとしか思えない」

「で、でも、あのおばあさんの足の傷《きず》は、どう説明するんですか？

大きいつづらに大量の毒ヘビや毒虫が入っていたとしたら、傷はたった一か所だけなんて、ありえなくないですか？

おばあさんの自作自演ですよ」

だんだん白熱してきた有田《ありた》と倉科《くらしな》に、裁判長《さいばんちょう》が「まあ、まあ」というように、わってはいった。

「では、こんどは動機の面から考えてみましょうか？」

有罪を主張する有田がまず応えた。

「『100年にひとりの歌姫《うたひめ》』ですよ。デビューまで決まっていて……。その歌姫が歌をうばわれたら、おばあさんを殺してやると思うのは、しごく当然の心の動きだと思いますね」

すぐに倉科が反論《はんろん》する。

「だからといって、おじいさんを巻《ま》きぞえにするでしょうか？　おじいさんは命の恩人で、すずめは心からしたっていたと言うし……」

すずめは有罪だと思っているルナが、倉科《くらしな》に答えるように言った。

「でもやっぱりおばあさんへのうらみは相当深いと思います。だって、夢も希望も、なにより才能をうばわれたんです。もしも、おじいさんを好きだと思う気持ちを、おばあさんをにくむ気持ちのほうが上まわったとしたら、おじいさんもろとも、おばあさんを殺そうということも、ありえるのではないでしょうか？」

ルナは自分でもおどろくほど、はっきりとした口調で言っていた。

「『好き』よりも、『うらみ』の感情のほうが、人をつき動かすこともあるってことか……」

倉科《くらしな》が言った。

第三章　『浦島太郎《うらしまたろう》』裁判《さいばん》

「それでは開廷《かいてい》します」

被告人《ひこくにん》が証言台に向かう。
薄桃色《うすももいろ》に淡《あわ》い黄色《きいろ》の唐風《とうふう》の装束《しょうぞく》、頭には小さなかんむりをつけている。
このフシギな裁判で裁《さば》かれる被告人・乙姫《おとひめ》だ。
玉手箱を使って、浦島太郎を殺そうとした罪に問われている。
滝沢奈緒《たきざわなお》は、この裁判の裁判員のひとりに選ばれた。

「検察官、今回の『浦島太郎《うらしまたろう》』裁判《さいばん》で、乙姫《おとひめ》はどんな罪を犯したというのか述べてください」

「はい。被告人《ひこくにん》の乙姫は、海の底にある竜宮城《りゅうぐうじょう》の主で、カメが連れてきた浦島太郎と出会いました。

乙姫は浦島と恋仲《こいなか》になり、夫婦同然の暮《く》らしを送るようになりました。しかし3年後、両親のことが心配になった浦島は、地上に帰ると別れを切りだしました。そのことに強いうらみをいだいた乙姫は、浦島を殺すことを決意。殺傷《さっしょう》能力の高いけむりがつまった玉手箱をわたしたのです。

地上にもどった浦島は、けむりを浴び、急激《きゅうげき》に老化。甚大《じんだい》な苦痛《くつう》を受けました。

乙姫《おとひめ》が犯した罪は、刑法《けいほう》第一九九条、第二〇三条の『殺人未遂罪《みすいざい》』に当たります」

「被告人《ひこくにん》、今、検察官が読みあげた事実にまちがいはありませんか？」

裁判長《さいばんちょう》に問われ、乙姫は神妙《しんみょう》な顔つきで、ゆっくりと答えた。

「……はい、まちがいありません」

「弁護人の意見はいかがですか？」

「はい。本件は浦島太郎《うらしまたろう》の心ない言動で追いつめられた末の犯行であり、十分に同情の余地があります。

刑《けい》を軽くして、『執行猶予《しっこうゆうよ》』を求めます」

弁護人の辻幸作《つじこうさく》は「執行猶予」の部分で大きく声を張った。

「執行猶予」とは、刑務所《けいむしょ》には入れずに、今の生活の中で反省させ、更生《こうせい》する機会をあたえるということである。

（人を殺そうとした乙姫《おとひめ》は、ふつうなら刑務所《けいむしょ》に入る。なのに執行猶予《しっこうゆうよ》にしてもいいんだろうか……？）

奈緒《なお》は顔の前で手を組んで、じいっと乙姫の様子を凝視《ぎょうし》した。

証人　浦島太郎《うらしまたろう》　検察側主尋問《しゅじんもん》

まず検察官は、被害者《ひがいしゃ》である浦島太郎を証人に呼《よ》んだ。

若《わか》く美しい乙姫と、恋仲《こいなか》にあったとは思えないほど浦島は老いている。真っ白い髪《かみ》にひげ、顔には深いしわが刻《きざ》まれている。

それでも生きていくために、魚をとらなければならないのだろう。こしみのの上に、びくをぶらさげている。

検察官の質問が始まった。

「浦島《うらしま》さん、どうしてあなたは竜宮城《りゅうぐうじょう》へ行ったんですか？」

「漁を終えて浜辺《はまべ》を歩いてたら、カメが子どもたちにいじめられてたんで、助けました。そうしたら、カメがどうしてもお礼がしたいって、竜宮城に連れていかれて……。

まさかこんな目にあうとは思いませんでした」

そう言うと、浦島は乙姫《おとひめ》に一瞥《いちべつ》をくれて続けた。

「地上に帰ったら、３００年も経ってたなんて！」

「竜宮城での1年が、地上での１００年だと聞いていなかったんですか？」

「聞いてませんよ！　しかも玉手箱開けたら、こんなじいさんになってたなんて！」

浦島《うらしま》はひげをなでながら、涙《なみだ》ぐんでいる。

「裁判員《さいばんいん》のみなさん、玉手箱の中のけむりの正体は、地上で過ぎていた300年の時間です。同じけむりを使った実験映像《えいぞう》がありますので、ごらんください」

法廷内《ほうていない》のモニターに、検察官の用意した〝実験映像〟が映《うつ》しだされた。

透明《とうめい》な水槽《すいそう》の中で、一匹の白いマウスが元気に動きまわっている。

そこへ、水槽内に引きこまれたポンプから真っ白いけむりが流れでてきた。

あっという間に水槽内はけむりに満たされ、中が見えなくなってしまった。

裁判官、裁判員全員、身を乗りだして、モニターの映像を食いいるように見つめている。ただひとり、乙姫《おとひめ》は映像から目を背《そむ》けるように、顔をふせていた。

水槽の中が、じょじょに見えはじめてきた。

けむりが晴れた時、マウスはすっかり白骨化《はっこつか》していた。

傍聴席《ぼうちょうせき》からざわめきが起きる。映像《えいぞう》を見た浦島太郎《うらしまたろう》の顔は青ざめていた。

（やばいでしょ、これ……）

奈緒《なお》は大きく目を見ひらき、まだ映像に見いっている。

検察官が説明を始めた。

「つまりこのけむりを浴びると、一瞬《いっしゅん》で３００歳《さい》、年をとってしまうというわけです。浦島さんは箱を開けた時、たまたま浜風《はまかぜ》が強かったおかげで、けむりの直《ちょく》撃《げき》をまぬがれ、老化するにとどまったと考えられます。

でも、もし、直撃していたら……」

証人　浦島太郎《うらしまたろう》　弁護側反対尋問《じんもん》

「あなたが竜宮城《りゅうぐうじょう》にいる間、乙姫《おとひめ》との関係はとても良好だったそうですね」

「仲はよかったかな……」

浦島は、ばつが悪そうに体をよじって言った。

「じゃあなぜ、あなたは、突然《とつぜん》帰ると言いだしたんですか？」

「それはアレですよ……地上に残してきた両親が心配でしたから」

「3年も音信不通にしておいて、今さら心配はないでしょう。

あなたはその直前、乙姫から、なにか告げられたんじゃありませんか？」

弁護人の追求に、浦島は言いにくそうに目をふせて答えた。

「おなかに……子どもができたって……告げられました」

「ええ⁉」

「なにそれー」

「信じられない……」

傍聴席《ぼうちょうせき》からざわめきが起きる。

乙姫《おとひめ》は、少し大きくなったおなかをそっとさすった。

弁護人は、ざわつきを制するように、質問を続けた。

「じゃあ、なおさら帰るなんておかしいでしょう！　子どもができて、うれしくなかったんですか？」

「……こわかった」

「こわい？　なにが⁉」

「……親になることとか……海の中で一生暮《く》らすこととか……いろいろ……」

浦島《うらしま》は、なんだかにえきらない口調で言った。

(そうか、それでにげだしたのか……)

奈緒《なお》は浦島《うらしま》をにらみつけた。

「子どもができて幸せの絶頂《ぜっちょう》にいた乙姫《おとひめ》を、あなたはどん底につきおとしたんですよ！　あなたが少しでも乙姫の気持ちを思いやっていたら、こんなことにはならなかった！　そう思いませんか⁉」

弁護人が厳《きび》しい口調で浦島を問いつめた。

乙姫は浦島をじっと見つめている。

しかし浦島がその質問に答えることはなかった。

証人　カメ　弁護側主尋問《しゅじんもん》

続いて弁護人は、竜宮城《りゅうぐうじょう》のカメを証人に呼《よ》んだ。

「浦島太郎《うらしまたろう》に別れを告げられた乙姫《おとひめ》は、どんな様子でしたか？」

「痛々《いたいた》しいくらい、落ちこんでいました……。

もうなにが正しくて、なにがまちがっているのか、わからなくなっていたんだと思います」

「では次に、浦島が地上に帰る時の様子を教えてもらえますか？」

「玉手箱を受けとった浦島は、わたしの背中《せなか》に乗って地上に向かいました。すると、追いかけてくる乙姫さまの声が聞こえてきました。

『開けないで！　その箱は、ぜったいに開けないで！』

そう何度もさけんでいました」

「犯行を思いとどまろうとしていたんですね？」

「そうです！」


（乙姫《おとひめ》は、自分の過ちに気づいたんだ……）

乙姫を見ながら、奈緒《なお》は思った。


弁護人の質問が続く。

「それは浦島《うらしま》にも聞こえていましたか？」

「聞こえていました。

『オッケー、オッケー、わかってる』と軽く流して、『早く行け！』と、わたしに指示しました！

わたしが玉手箱の中身を知ってさえいれば、こんなことには！」

そう言ってカメは、証言台で泣きくずれた。

証人　カメ　検察側反対尋問《じんもん》

検察側反対尋問が始まった。

「乙姫《おとひめ》が言った『開けないで』という言葉なんですが、これは本当に犯行を思いとどまろうとした言葉なんでしょうか？」

「どういう……意味ですか……？」

思いもしなかった言葉に動揺《どうよう》したのか、カメは検察官に聞きかえした。

「立派《りっぱ》な箱をわたされて、『開けないで』と言われたら、逆に開けたくなるのが人情でしょう」

「えっ……？」

「つまり乙姫《おとひめ》は、確実に玉手箱を開けさせようとして、あえて『開けないで』とくりかえした」

「そんなっ！」

「異議《いぎ》あり！　憶測《おくそく》です！」

カメと弁護人が同時にさけんだ。


「検察官、質問を変えてください」

裁判官《さいばんかん》に言われ、検察官は別の質問に移った。

「もし本当に乙姫が思いとどまろうとしたのなら、『開けないで』ではなく、『返して』と言うのが自然でしょう」

「そんなの、へりくつですよ！」

カメは強い口調で言いかえした。

「あなたは乙姫《おとひめ》の、『裏切《うらぎ》った男はぜったい許さない』という冷酷《れいこく》な一面を、知らないだけなのではありませんか？」

「乙姫さまは、そんな人じゃありません！」

（でもなあ……さっきのけむりの実験を見ちゃうと、検察官の言う、乙姫の冷酷さも納得《なっとく》できちゃうんだよな……）

奈緒《なお》の心は大きくゆれうごいた。

被告人《ひこくにん》・乙姫《おとひめ》 弁護側主質問

いよいよ被告人・乙姫への質問が始まった。

まずは弁護人が立つ。

「浦島太郎《うらしまたろう》と過ごした3年間は、どんな日々でしたか？」

「いっしょにいて、ほんとに楽しかった。ごはんを食べて、『おいしいね』と言ったり、ふたりで並《なら》んで散歩したり……。

ずっとひとりだったわたしには、そんなたわいもないことが、うれしくて仕方ありませんでした」

乙姫は幸せだった日々を思いだしたのか、一瞬《いっしゅん》、微笑《ほほえ》みをうかべた。

しかしすぐに、つらそうな表情にもどり、自分のおなかに目をやった。

「……だから、おなかに赤ちゃんができた時も、ただ喜んでもらえると思ってました……」

「殺意をいだいたのは、いつですか？」

「太郎《たろう》さんが地上に帰る直前です……。わたしは、あと一分でいいからいっしょにいてって、たのみました。そしたら彼《かれ》は、『じゃあ、あと一分だけね』って言って、時計の秒針《びょうしん》が一周するのをじっとながめてました……」

乙姫《おとひめ》はひと息つくと、せきを切ったように話しはじめた。

「もう、これっぽっちもわたしのことを愛していないんだな……って思いました。幸せだったこの3年は、一体なんだったんだろうって……。

悲しくて、くやしくて、たまりませんでした！

この人を、一生許したくない……。生まれて初めて感じるその気持ちを……わたしはおさえることができませんでした」

必死に涙《なみだ》をこらえてそう言いおえると、乙姫《おとひめ》は強くくちびるをかんだ。

「それで、あなたは玉手箱をわたしたんですね？」

乙姫は目に涙をためて、無言でうなずいた。

(乙姫の傷《きず》ついた気持ち、浦島《うらしま》をうらむ気持ちは、よくわかる……。

それでも人をひとり殺そうとした乙姫を、ゆるしてもいいのかな……)

奈緒《なお》の気持ちは大きくゆれた。

被告人《ひこくにん》　乙姫《おとひめ》　検察側反対質問

検察官はまっすぐに乙姫を見つめ、質問を始めた。

「乙姫さん。あなたは浦島太郎《うらしまたろう》に裏切《うらぎ》られた。

でも、あなた自身も大切な人を裏切ったんですよ」

「えっ？」

乙姫がおどろいたように検察官を見る。検察官は質問を続けた。

「玉手箱をわたす前に、どうしておなかの子のことを考えなかったんです？　生まれてくる子どもが、自分の父親を殺そうとした母親を、愛してくれると思いますか？」

法廷《ほうてい》に沈黙《ちんもく》が流れる。

乙姫《おとひめ》は、はっきりとした口調で答えた。

「いいえ……愛せるはずがないと思います」

検察官は、乙姫の真横に来て、こう続けた。

「乙姫さん、あなたは実刑《じっけい》になった場合、刑務所《けいむしょ》の中の病院で子どもを産むことになります。

そして服役中は、その子とは、はなれて暮《く》らさなければなりません」

「はい……」

「でも、今のあなたには、その時間こそが必要だと、わたしは思います」

うつむいていた乙姫が顔を上げて検察官を見た。

検察官も乙姫を見つめている。

「自分にとって、なにがいちばん大切なのか、問いつづけてください。

そして犯した罪をすっかりつぐなってください。そうして初めて、母として力いっぱい、その子をだきしめてあげられるのではないでしょうか？」

検察官は乙姫《おとひめ》に、罪をつぐなうということの意味をさとすように伝えた。

「以上です」

乙姫はかたをふるわせている。おなかをさすりながら声を殺して泣いていた。

（これからの乙姫と子どものためには、どうするのがいいんだろう……）

奈緒《なお》は乙姫をじっと見つめた。

最終弁論《べんろん》

検察官による、最終弁論が始まった。

「裁判員《さいばんいん》のみなさん、本件は危険《きけん》きわまりない犯行であり、同情の余地はありません。

乙姫《おとひめ》は浦島太郎《うらしまたろう》に甚大《じんだい》な苦痛《くつう》をあたえました。

乙姫も刑務所《けいむしょ》に入り、同様の苦痛を負うべきです」

弁護人が続く。

「裁判員のみなさん、本件は浦島太郎にひどく裏切《うらぎ》られた末の犯行であり、その心情は身勝手のひと言で済《す》まされるものではありません。

さらに乙姫《おとひめ》は犯行を思いとどまろうとしました。これらは十分に酌量《しゃくりょう》されるべきです。

『執行猶予《しっこうゆうよ》』を求めます」

「これですべての審理《しんり》が終わりました。

これから裁判員《さいばんいん》のみなさんと、判決を話しあいます」

裁判長が閉廷《へいてい》を宣言《せんげん》しても、奈緒《なお》は迷いつづけていた。

(乙姫を刑務所《けいむしょ》に送るべきか、それとも執行猶予にすべきか……。

どうすればいいんだろう？)

評議

「みなさん、おつかれさまでした。

これから評議を始めますが、どうぞ遠慮《えんりょ》せず、裁判《さいばん》で思ったこと、疑問《ぎもん》に感じたことを、自由に話してください」

裁判長が冒頭《ぼうとう》で言い、評議が始まった。


「とにかく、あの実験映像《えいぞう》にびっくりしました。乙姫《おとひめ》の強い殺意を感じました」

奈緒《なお》は今回の裁判で感じたことを、まず率直に話した。

今回の6名の裁判員は、4人が20～30代。若い人が多いからか、重々しい雰囲《ふんい》気《き》のなかった室内に、奈緒の言葉で一気に緊張《きんちょう》が走る。

30代の主婦・三上《みかみ》が奈緒《なお》に反論《はんろん》する。

三上には、まだ幼《おさな》い子どもがいる。

「強い殺意と言うけれど、浦島《うらしま》が乙姫《おとひめ》にやったことはどうなのかしら。子どもができたっていうのに、乙姫と生まれてくる子を置いて地上にもどるなんて、無責任にもほどがあるでしょう。乙姫が殺意をいだくのも、あたしはわかる気がするけど……」

「みなさん、今回の裁判《さいばん》は、乙姫が罪を認《みと》めています。実刑《じっけい》つまり刑務所《けいむしょ》に入れるか、それとも執行猶予《しっこうゆうよ》にして刑務所に入れないか、みなさんで、そのどっちにするかを決めることになりますが、いかがですか」

裁判長が裁判員全員に問いかけた。

「どういう基準で判断するのがいいのでしょうか？」

大学生の浜内《はまうち》が裁判長《さいばんちょう》にたずねた。

「結果として人が死ななかったとしても、殺人未遂罪《みすいざい》は重大な犯罪です。ただ、酌《く》むべき理由はあるかもしれないので、これまでの人生観や恋愛観《れんあいかん》、また乙姫《おとひめ》、浦島太郎《うらしまたろう》、それぞれの立場で考えてみることが大切です」

浜内と同じく、まだ20代と思われる荒川《あらかわ》が口火を切った。

「ぼくは実刑《じっけい》にすべきだと思うなぁ。浦島がどんな男だったとしても、やっぱり人を殺そうとする罪には罰《ばつ》が必要じゃないの。刑務所《けいむしょ》に入れなかったら、また同じことをくりかえす可能性もあるよね」

若《わか》い荒川がまっさきに実刑を口にして、他の裁判員たちは少しおどろいたように彼《かれ》を見ている。

すかさず三上《みかみ》が反論《はんろん》した。

「わたしは、乙姫《おとひめ》を刑務所《けいむしょ》に入れなくてもいいと思います。やっぱり浦島《うらしま》のしたことはひどいでしょう？　地上に帰るって決断自体もそうだけど、『じゃあ、あと一分だけね』って、最後の最後まで乙姫を傷《きず》つけるような態度をとって……。

そんな浦島にも責任があるんだから、そこは考慮《こうりょ》すべきじゃない？」

裁判員《さいばんいん》の中で、いちばん年長の佐々木《ささき》が、三上に同意する。

「そうですね。

殺そうと決めたものの、乙姫は一度は『玉手箱を開けないで』と、止めようとしている。

それは自分のやってしまったことを自覚して、反省した表れといってもいいのではないでしょうか」

「『生まれてくる子どもとはなれて暮《く》らす時間こそが、これから母として生きていく乙姫《おとひめ》には必要だ』と、検察官は言っていましたが、この点についてはどうでしょうか？」

裁判長《さいばんちょう》が全員に向かってたずねた。

「刑務所《けいむしょ》に入らないで、乙姫は生まれてくる子どもと、向きあうことができるのでしょうか？」

奈緒《なお》は、ほかの裁判員に問うように言った。

執行猶予《しっこうゆうよ》に賛成している佐々木《ささき》が答える。

「そうですね……。

でもわたしは、かえって生まれた赤んぼうの顔を見るたびに、乙姫《おとひめ》は自分のしたことを後悔《こうかい》して、反省するんじゃないかと思いました。乙姫から生まれた子どもを取りあげて、子とはなれて暮《く》らさせるよりも、乙姫にとっては、重い罰《ばつ》になるかもしれない」

子どもを産んでから、さほど時間のたっていない三上《みかみ》が続けた。

「それに、生まれたばかりの子どもを、母親から引きはなすことが子どもにとっていいのかどうかも、わたしは疑問《ぎもん》に思いますね」

「他の方はどうでしょうか？　滝沢《たきざわ》さんは、どう思いますか」

裁判長《さいばんちょう》が奈緒《なお》にたずねた。

「乙姫《おとひめ》を傷《きず》つけ、子どもを置きざりにした浦島《うらしま》の行動はひどいです。同じ女性として怒《いか》りを覚えます。

でも、浦島は、ずっと竜宮城《りゅうぐうじょう》にいるつもりがあったとはいえず、これからもずっとふたりで過ごせると思っていたのは、乙姫のほうだけですよね。乙姫の勝手な思いこみとも言えます。

それを裏切《うらぎ》られたからって、浦島を殺害しようとした乙姫をゆるしてもいいのでしょうか？

ある意味、自分のエゴで人を殺そうとまでした人間が、刑務所《けいむしょ》に入ることとなく、生まれてくる子どもとはなされることもなく、自分の罪と向きあえるんでしょうか？

乙姫《おとひめ》はなにで罪をつぐなうのでしょうか？」

荒川《あらかわ》が奈緒《なお》に激《はげ》しく同意している。

三上《みかみ》と佐々木《ささき》は、同時に大きく息をはくと考えこんでしまった。

NHK Eテレ「昔話法廷」
番組企画・制作　NHK
ディレクター　平井雅仁
プロデューサー　佐藤正和

昔話法廷 Season《シーズン》 2

初版発行／2017年9月　第18刷発行／2022年4月
編・NHKEテレ「昔話法廷」制作班
原作・オカモト國ヒコ　法律監修・イマセン　挿画・伊野孝行
編集協力　ニシ工芸株式会社
発行所　株式会社金の星社　〒111-0056　東京都台東区小島1-4-3
TEL 03-3861-1861（代表）　FAX 03-3861-1507
振替 00100-0-64678　ホームページ https://www.kinnohoshi.co.jp
製版・印刷　株式会社広済堂ネクスト　製本　牧製本印刷株式会社
127ページ　19.4cm　NDC327　ISBN978-4-323-07399-6
乱丁落丁本は、ご面倒ですが小社販売部宛にご送付ください。
送料小社負担でお取り替えいたします。